Il Dono

Michele Criscuoli
LULU PRESS

Premessa

Prima di ogni altro ragionamento, debbo "confessare" di essere stato un "democratico" convinto: promotore dell'Ulivo ed elettore del Partito Democratico, dalla sua nascita e fino alle elezioni regionali del 2015.

Ricordo che, quando l'Ulivo non era stato ancora concepito, mettemmo insieme un gruppo di persone provenienti da diverse esperienze partitiche e/o associative, tutti appassionati di Politica. Ci chiamammo *"Coalizione dei Democratici"*, immaginando di poter offrire soluzioni innovative ad una guida amministrativa della comunità che aveva mostrato un'evidente inadeguatezza. Un'idea bella e vincente che trovò altre strade per una stagione di rinnovamento, ostacolata dalla classe dirigente allora dominante nel Partito Popolare.

Spinto da questa passione e da queste idee **ho sempre partecipato alle "primarie" del PD**: convinto, ogni volta, di concorrere alla scelta del meglio per il governo del Paese. In un'occasione, trovandomi fuori provincia per motivi familiari, feci i salti mortali per registrarmi in tempo per poter scegliere il leader del partito nel quale mi ero identificato.

Tuttavia, non ho mai pensato di iscrivermi al PD perché ho sempre creduto che gli iscritti facessero parte della struttura di potere del partito; che fossero espressione, cioè, delle correnti e dei piccoli o grandi personaggi che lo guidavano a livello locale e nazionale. Ciononostante, ogni volta che ho votato alle primarie, pur condizionato da questo pre-giudizio, ho sempre dato, con esattezza, i miei dati anagrafici, la mail ed il mio numero di telefono. Sperando che, chissà, quel partito, quei dirigenti avrebbero potuto, almeno una volta, invitarmi ad esprimere un giudizio, una valutazione o un voto su una delle tante decisioni che avrebbero dovuto adottare, a livello locale o nazionale poco importa.

Sono passati tanti anni, ma **a nessuno, mai,** (nemmeno al miglior segretario che il PD abbia avuto: Walter Veltroni) è **venuta in mente l'idea di avere tra le mani una straordinaria ricchezza** (i volti, i nomi, gli indirizzi mail ed i numeri di telefono di milioni di simpatizzanti: **una "riserva" da utilizzare nei momenti più importanti, per arricchire il partito o per ri-vitalizzarlo con il contributo di persone innamorate, oneste e disinteressate).**

Nessuno dei dirigenti del PD ha, mai, provato ad "aprire" il partito: nemmeno quando hanno visto che il numero degli iscritti calava, precipitosamente, anno dopo anno, in maniera direttamente proporzionale alla crescita del potere degli uomini di apparato che occupavano, quasi militarmente, le strutture dello Stato e degli Enti locali.

In tutti questi anni, ho vissuto due, diversi, momenti di speranza nel cambiamento.

Una prima volta, **quando Barca scrisse e lanciò il suo "Manifesto" per un "partito nuovo per un buon governo"!** Successivamente, **quando Renzi si presentò sulla scena politica nazionale promettendo, non solo, la "rottamazione" della classe dirigente del PD, ma soprattutto dei vizi e delle devianze che avevano ispirato le scelte di quel partito.**

L'analisi di Fabrizio Barca mi convinse ed entusiasmò da subito! Purtroppo, essa nasceva con un vizio di origine: era "*insopportabile*" per la classe dirigente del PD. Diceva tante verità sulla "mala-politica" che dominava il Partito ed il Governo, nazionale e locale, ed immaginava troppe novità e troppi sacrifici per quei dirigenti politici che mai avrebbero potuto accettarli, con serenità, trasformandoli in un impegno finalizzato al cambiamento.

Si avviò, allora, una discussione sincera in molti circoli del PD ma fu utilizzata solo da chi cercava occasioni di rivincita in sede locale e non da chi, invece, fosse seriamente convinto della necessità di una rivoluzione di scelte, di uomini e di comportamenti idonea a migliorare la partecipazione, favorendo la crescita del Partito. L'idea di Barca, elogiata in tante occasioni, fu presto abbandonata, respinta, nei fatti, come pericolosa per l'assetto di potere e per la forza delle correnti e dei personaggi, vecchi e nuovi, che dominavano nel partito (i vecchi che non avevano alcuna intenzione di lasciare ed i giovani che, invece, erano solo pronti ad occupare le posizioni di potere per soddisfare, con qualche anticipo sui tempi programmati, le proprie ambizioni).

Il sogno di un partito nuovo per il buon governo del Paese fu rinchiuso in un cassetto, messo sotto chiave e quasi sigillato: per impedire che qualcuno potesse provare a trasformare quel partito in uno strumento efficace di partecipazione politica e soprattutto di mediazione tra interessi contrapposti creando le condizioni necessarie per il rinnovamento della classe dirigente in maniera diffusa su tutto il territorio nazionale.

In pratica, quell'analisi, intelligentemente concepita e ben scritta, non piacque a coloro che avrebbero dovuto, con un po' di umiltà, riconoscere gli errori fatti.

Di questo sono stati responsabili i vari capi e "capetti" del partito, quelli che avevano pensato e voluto il *partito stato-centrico*" messo sotto accusa da Barca: da un lato, la macchina dello Stato arcaica e, dall'altra, le "élite" che hanno governato, in perfetto accordo, capaci di sostenersi reciprocamente fino a produrre un equilibrio perfetto di sottosviluppo. La famosa *"fratellanza siamese"* (tra Stato e Politica) che Barca definì, con acuta visione, il *"catoblepismo"* (i partiti, il PD prima e più degli altri, anziché essere controllati dalle persone che ad essi aderivano o che li votavano, finivano per controllare sé stessi, esercitando un potere sullo Stato, e sugli altri Enti pubblici territoriali, che, a loro volta erano ad essi essenziali).

Quel Manifesto spiegò, perfettamente, perché i partiti avevano difficoltà ad aprirsi alla partecipazione ed al confronto ed **anticipò**, in buona sostanza, **le ragioni che avrebbero, poi, portato i cittadini a penalizzarli oltre ogni ragionevole immaginazione.**

In verità, **una certa idea di rinnovamento** apparve anche nella prima immagine che (l'allora "populista") Renzi pensò di proporre al Paese ed ai democratici, agli elettori ed ai simpatizzanti prima che agli iscritti. Non a caso egli perse le sue "prime" primarie (novembre 2012), ancora dominate dai padroni delle tessere, mentre le vinse, qualche mese dopo (giugno 2013), convincendo ampie fette di opinione pubblica. Fu costretto, però, a firmare i primi, brutti, compromessi con i ras locali del partito, tranquillizzati sulle modalità e sui tempi della rottamazione che avrebbe toccato, solo pochi, invadenti, personaggi nazionali!

Purtroppo, il **Renzismo si mostrò, presto, come un vero e proprio bluff: per l'eccesso di personalizzazione della** politica, per l'abuso di spettacolarizzazione di alcune scelte, per la mancanza di umiltà e di confronto che qualificarono, in seguito e fino alla sconfitta, le scelte del sindaco di Firenze diventato leader del Partito.

Parlare, oggi, degli errori di Renzi sarebbe come sparare sulla Croce Rossa. Quello che sopravvive di quel partito personale è talmente liquido ed evanescente da non lasciare spazio a dubbi ed incertezze.

Dopo la scelta del "Rosatellum" (ispirato da un evidente desiderio di "eutanasia politica"); dopo l'assenza di ogni analisi seria ed approfondita sulle cause di una sconfitta memorabile; dopo la dimostrazione di un'afasia dei cuori e delle intelligenze (ce ne sono, di ancora vive?) "questo" **Partito Democratico appare destinato ad una rapida e naturale estinzione. Perché**, (come, forse, avvenne per i dinosauri) **l'"asteroide a 5Stelle" ha determinato le condizioni di uno sconvolgimento radicale del sistema politico!** Nel nostro caso, poi, i democratici appaiono assolutamente incapaci di immaginare alcuna utile soluzione finalizzata ad una salvezza quasi impossibile, nella condizione di disastro politico, sociale e culturale creatosi.

Se, poi, a queste difficoltà si somma la crisi della Sinistra ovunque, nel mondo occidentale, il discorso si fa preoccupante. Perché potrebbero prevalere, presto, nuovi fascismi e nuove politiche reazionarie, ispirate dall'opportunità di soddisfare gli egoismi dei cittadini e dal desiderio di una guida "forte ed autorevole". Insomma, potremmo ritrovarci in una condizione tale da ipotizzare di poter fare a meno della democrazia rappresentativa sino a subire la tentazione di poter limitare la libertà e la partecipazione politica dei cittadini.

Questi dubbi e queste preoccupazioni sono alla base di una domanda che mi pongo da tempo: **c'è ancora il tempo e la possibilità di immaginare (e lavorare al-) la costruzione di un partito, nuovo e diverso, che sappia favorire la partecipazione dei cittadini; che sappia aiutarli a scegliere con la testa e con il cuore; che riesca ad offrire prospettive credibili alle aspirazioni ed ai sogni di buona politica che possano favorire la formazione e la crescita di una nuova classe dirigente al servizio della comunità?**

Si tratta di una prospettiva difficile e complessa: ma nessuno mi può impedire di immaginarla. Servirà, come memoria, una rigorosa analisi degli errori commessi, ma potranno essere utili anche le esperienze di confronto che altri hanno messo in campo in questi ultimi tempi. Si tratta di un'idea che non posso abbandonare, per timore, per indolenza o per falsa modestia! Così come non posso non immaginare che la "passione politica", quella vera ed onesta al servizio del bene di tutti, possa, nella discussione libera e sincera sul futuro della politica, trarre occasione per rinascere nel cuore di tanti giovani ai quali affidare una vera e definitiva rivoluzione politica e sociale, per salvare la democrazia nel nostro Paese.

Per me, poi, è un sogno "obbligato", che tuttavia faccio volentieri, dedicandolo a tutti quelli (parenti o amici) che si sono meravigliati delle mie ultime scelte elettorali (il voto al Movimento 5Stelle, già dalle regionali del 2015), fino a considerarmi un "eretico" se non addirittura uno stupido! Tante care persone che hanno provato a dimostrarmi che avevo fatto un errore grossolano, ragionando e motivando, però, con le stesse argomentazioni dei dirigenti del PD: *"la colpa è del popolo.... che ha votato con la pancia e non con la* *testa ...... che andrebbe educato prima di ogni elezione"* sicché *"non tutti dovrebbero essere ammessi al voto.... perché si sarebbero lasciati guidare dalle emozioni e non dall'intelligenza delle cose"!*

A mio modesto avviso, si tratta di valutazioni e giudizi **"reazionari, quasi fascisti"**, fatti con un'inusitata superficialità; giustificati, solo, dalla preoccupazione seguita ai sorprendenti risultati elettorali che, solo in parte, hanno stupito anche me. Sono le argomentazioni dei "tifosi" incalliti e delusi: che avendo perso lo scudetto danno la colpa all'arbitro o alla sfortuna, senza il coraggio di una valutazione onesta degli errori evidenti dell'allenatore o dei giocatori scesi in campo. Purtroppo, prevalgono pensieri, motivazioni e sentimenti che non aiuteranno il PD (e la sinistra) a cambiare registro. Si tratta di ragionamenti alimentati, anche, dalla convinzione (probabilmente vera) delle altrui "incapacità ed inadeguatezze", ma fondati su un insano giustificazionismo che, senza un'analisi sincera degli errori commessi, impediranno il nascere di ogni buona idea in merito alla prospettiva di "rifondazione" di un progetto politico idoneo a guidare il futuro del nostro Paese.

La nascita del Partito Democratico

La Carta Costituente, all'art.49, stabilisce che "*tutti i cittadini hanno diritto di associarsi liberamente in partiti per concorrere con metodo democratico a determinare la politica nazionale*". I partiti politici trovano la loro ragione di essere proprio in questa norma con la quale i costituenti intesero ricostruire il tessuto democratico del Paese dopo la dittatura. I partiti (meglio le forze politiche che nella Resistenza avevano sconfitto il fascismo) furono elevati al rango di soggetti "costituzionalmente rilevanti": con loro e tramite le loro strutture si sarebbero formati il consenso elettorale e le classi dirigenti che avrebbero guidato le comunità.

Tuttavia, allora e negli anni che seguirono, fu commesso un grave errore: non si volle dare concretezza al dettato costituzionale, istituzionalizzando, con legge ordinaria, le strutture organizzative dei partiti, dettando, in altre parole, le regole democratiche che avrebbero dovuto guidare i processi e le scelte all'interno dei partiti nel rispetto della libertà, della democrazia e della legalità.

L'esistenza dei cosiddetti "partiti di massa" garantiva, in parte, la più ampia partecipazione ed il massimo controllo possibile e nessuno, allora, avrebbe immaginato che, qualche decennio dopo, sarebbero nati i "partiti personalistici", quelli che, nei fatti, avrebbero distrutto la dialettica democratica al loro interno. Soprattutto, nessuno avrebbe mai immaginato che il Paese sarebbe stato "governato" da una classe dirigente nata dal nulla, priva di formazione e di esperienza politico-amministrativa, **promossa alla guida del Paese da poche**

decine di preferenze espresse in rete ma legittimamente chiamata al governo dal voto popolare. Un voto uniforme su tutto il territorio nazionale, **se è vero come è vero** che, nelle ultime elezioni politiche del marzo 2018, i 5Stelle sono stati il primo partito ovunque tranne in Toscana e Trentino Alto Adige, dove sono secondi dopo il PD ed in Veneto, Friuli e Lombardia, dove sono secondi dopo la Lega.

Certo, se la classe politica avesse affrontato la questione della definizione dei partiti politici, del loro ruolo e della loro struttura organizzativa con una normativa semplice e chiara non vi sarebbero state le aberrazioni che abbiamo conosciuto nella cosiddetta seconda repubblica ed il rispetto delle regole avrebbe impedito le anomalie che si sono verificate dopo (e probabilmente i rischi per la democrazia e per la libertà di tutti). Ma i partiti hanno utilizzato la legislazione ordinaria, in relazione ai partiti, quasi esclusivamente, **per garantire privilegi alla classe politica e per auto-finanziarsi con le risorse dello Stato** (scelte, inutilmente, bocciate dal voto referendario) fino a farne quei centri di arricchimento e di potere che l'elettorato ha voluto sonoramente punire con un voto di protesta lucido e ragionato.

Certo, hanno sbagliato tutti i partiti, ma la sinistra ha sbagliato più degli altri!

Qualcuno avrebbe potuto mai ipotizzare che Berlusconi ed i suoi alleati potessero avere la sensibilità necessaria a scrivere una legge che "normalizzasse" la vita dei loro partiti? Forse, gli iscritti ed i dirigenti della destra (berlusconiana e non) hanno mai utilizzato regole democratiche per scandire i processi decisionali delle loro formazioni politiche? Qualcuno avrebbe potuto mettere in dubbio la leadership di Berlusconi?

O eleggere un segretario a lui sgradito o, infine, designare ad una qualsiasi carica una persona non condivisa dal padre-padrone di Forza Italia?

Ora, se tutto questo e cose anche peggiori (cfr:*" che fai mi cacci"* di G. Fini) avvenivano nello schieramento cosiddetto di centro-destra, nel centro-sinistra (e nel PD in particolare) la situazione non è stata significativamente diversa.

Il Partito Democratico nacque, dopo l'esperienza dell'Ulivo di Prodi, per mantenere in vita la collaborazione tra ciò che ancora rimaneva delle due esperienze politiche più importanti della Repubblica parlamentare nata dalla Resistenza: la Democrazia Cristiana ed il Partito Comunista.

All'esito della vicenda di "mani pulite" (che distrusse totalmente il Partito Socialista e ridimensionò notevolmente la DC, coinvolti più degli altri nel sistema corruttivo scoperto dalla magistratura) e dopo la discesa in campo di Berlusconi, che cavalcò la voglia di cambiamento molto viva nel Paese, gli ultimi rappresentanti del "cattolicesimo popolare" e del "social-comunismo" provarono a fare fronte comune per impedire la vittoria della destra e la deriva populista di matrice berlusconiana.

L'idea, in sé, era buona, se avesse avuto come obiettivo la costruzione di un nuovo partito che "fondesse" il meglio delle diverse esperienze, tradizioni e scelte politiche.

La sua realizzazione, però, fu inficiata da un vizio di origine, ben espresso dalla definizione allora prevalente tra gli aderenti al nuovo partito: nel PD si sarebbe concretizzata *"la contaminazione"* dei valori espressi dai post-comunisti con quelli proposti dai post-democristiani!

Quella definizione fu un vero e proprio lapsus! Avrebbe dovuto essere chiaro a tutti che usando quel sostantivo (contaminazione) si rischiava di ipotecare il risultato finale! E così fu: perché contaminazione è sinonimo di contagio, di inquinamento, di corruzione, di infezione, di profanazione, di disonore e di offesa. In altre parole, perché quel termine serve per descrivere tutto ciò che potrebbe portare le conseguenze più pericolose per l'integrità delle persone e delle comunità.

In quella contaminazione trae origine e fondamento il risultato "ultimo" (quello del 4 marzo) dell'incontro tra culture, valori ed esperienze politiche sino ad allora in opposizione tra loro che confluirono nel nascente partito. Oggi, a posteriori, si può ben dire che ognuno dei due "confluenti" portò in dote il peggio di sé: per qualità della classe dirigente, in relazione alle loro cattive abitudini e, soprattutto, alla volontà di occupare le Istituzioni per asservirle non solo ai vantaggi per il partito ma, addirittura, ai meschini interessi personali degli esponenti politici.

Certo, vi furono pure eccezioni ed esempi di partecipazione con connotati e spirito diverso, basti, per tutti, citare la figura di Veltroni che pur avendo portato il partito ad un risultato di assoluto rilievo, scelse di farsi da parte perché sconfitto dall'alleanza di centro-destra alle politiche del 2008 ed alle successive regionali del 2009. Ma quel partito si è distinto, in tutti questi anni, per le lotte di potere, per i tradimenti più impensabili, per le contraddizioni continue ed evidenti (per non parlare della corruzione dilagante che, negli ultimi tempi, ha toccato, quasi quotidianamente, dirigenti ed amministratori locali del PD).

Non solo, e infatti mi chiedo: qualcuno potrebbe, mai, paragonare la scissione di LeU a quelle che ha subito la Sinistra italiana nella prima repubblica? E qualcuno potrebbe offrire alla pubblica opinione una motivazione che possa giustificarla, rispetto alla convinzione generale che essa è nata, quasi esclusivamente, dalla voglia di una rivincita personale di alcuni dirigenti che, sopraffatti dallo strapotere di Renzi, non trovavano alcuno spazio di movimento e di potere nel partito e nelle Istituzioni?

Ecco perché, quella sciagurata contaminazione ha concorso, in misura determinante, al fallimento della storia della sinistra italiana e della tradizione dei cattolico-democratici (per quest'ultimi, peraltro, **il fallimento fu favorito e determinato anche da quella parte dell'Episcopato italiano che si fece promotore del "pluralismo" della presenza dei cattolici in politica**).

Ma sono stati gli uomini (i dirigenti del PD) a sbagliare prima e più degli altri!

Perché, se è vero che la cosiddetta antipolitica è risultata alla fine vincitrice, il merito di ciò può essere attribuito solo ed esclusivamente a quei dirigenti politici, dei partiti, che hanno fatto di tutto per convincere i cittadini: *1) che la Politica era una cosa "brutta e sporca"*; *2) che essa era esercitata solo, o quasi esclusivamente, nell'interesse di pochi*; *3) che i politici erano "naturalmente" chiamati ad occuparsi dei loro privilegi e dell'esercizio del potere in danno dei cittadini*; *4) che, per loro, la Legge non era eguale come per tutti gli altri cittadini*; *5) che molti di loro, pur scoperti nelle ruberie, corruzioni, malefatte e/o prevaricazioni riuscivano sempre a cavarsela (con una prescrizione o una leggina salvifica)*; *6) ed* infine, *che nessun politico aveva, mai, denunciato un corruttore e nessun partito, prima dell'intervento della magistratura, si era accorto dell'esistenza di quelle che, con il senno di poi, avrebbero chiamato le "mele marce"* (quelle stesse che, essi, ipergarantisti per principio, continuavano a "conservare in un'unica credenza" senza preoccuparsi del fatto che potessero contagiare le poche mele sane, se mai ve ne fossero).

Queste convinzioni hanno causato una grave "rottura" tra i partiti e la pubblica opinione sicché i cittadini, al momento del voto, hanno fatto, più o meno, questo tipo di ragionamento: *se è vero che la Politica è corrotta, se è vero che gli uomini politici non sono in grado, da soli, di "liberarsi" della patologia che li infesta, delle due l'una, o essi sono "collusi" con i corrotti (cioè hanno sempre saputo delle corruzioni e le hanno sopportate per indicibili convenienze, pur senza compartecipare ad esse) oppure essi sono stati così inetti ed incapaci da non accorgersi di niente!*

Nell'uno come nell'altro caso, proprio "i migliori e quelli più onesti tra loro" avrebbero meritato, comunque, di essere bocciati e sostituiti nella guida del Paese (anche, al limite, con soggetti di scarsa qualità politica e di nessuna esperienza amministrativa).

E dire che Barca, nel suo Manifesto, aveva (con chiara lucidità intellettuale) ampiamente descritto e spiegato quale fosse la reale situazione della Politica italiana e, particolarmente, del Partito Democratico, al quale aveva rivolto le sue attenzioni sollecitando quelle novità e quei cambiamenti che, se fossero state almeno avviate, avrebbero potuto impedire la catastrofe!

Il Tradimento dei valori della Sinistra e del Cattolicesimo popolare

La parte politica che proveniva dal PCI (poi PDS, DS e quindi Ulivo) confluita nel Partito Democratico è stata, a mio modesto avviso, quella che più di tutte le altre componenti ha determinato l'esito negativo che il partito ha registrato alle ultime elezioni politiche.

Con questo non voglio sminuire le responsabilità (e sono tante) della parte post-democristiana del PD. Costoro, però, hanno continuato a comportarsi, nell'organizzazione del consenso (clientele e favoritismi) e nella gestione del potere, come erano abituati a fare prima del 1994. Molti dirigenti della vecchia DC, infatti, avevano trasferito armi e bagagli prima nell'Ulivo e poi nel nuovo partito. Quali fossero le armi (i pacchetti di tessere) ed i bagagli (la conoscenza dell'apparato di potere nel cui esercizio erano "maestri") fu subito chiaro! Tutto ciò fu messo a disposizione dei nuovi alleati che impararono presto ad usarli con migliore destrezza, in qualche caso anche con più efficacia, aiutati dalla forza del voto che, in alcuni territori, aveva conservato un suo radicamento.

Però, quello che è avvenuto in questi anni, in termini di "trasformazione" della presenza politica ha dello straordinario e dell'incredibile e possiamo capirlo subito se proviamo a comparare le scelte ed i valori promossi dal Partito Democratico rispetto ai programmi, alle idee, ai principi ed alle consuetudini del vecchio Partito Comunista.

Due aspetti significativi possono bastare a valutare la misura del tradimento di quei valori: 1) la questione morale e 2) la scelta e la difesa dei deboli, dei poveri e degli emarginati

"La questione morale non si esaurisce nel fatto che, essendoci dei ladri, dei corrotti, dei concussori in alte sfere della politica e dell'amministrazione, bisogna scovarli, bisogna denunciarli e bisogna metterli in galera. La questione morale, nell'Italia d'oggi, fa tutt'uno con l'occupazione dello stato da parte dei partiti governativi e delle loro correnti, fa tutt'uno con la guerra per bande, fa tutt'uno con la concezione della politica e con i metodi di governo di costoro, che vanno semplicemente abbandonati e superati. Ecco perché dico che la questione morale è il centro del problema italiano".

Con queste parole, **Enrico Berlinguer** aveva denunciato, in un'intervista a Repubblica del 1981, i mali della politica italiana ed aveva anticipato, in qualche modo, quello che sarebbe successo alcuni anni dopo con la cancellazione, per mano giudiziaria, di tutta una classe dirigente.

Nella stessa intervista, il leader del PCI descriveva i mali della politica italiana con concetti chiari ed inequivocabili: *"I partiti di oggi sono soprattutto macchine di potere e di clientela:* **scarsa o mistificata conoscenza della vita e dei problemi della società e della gente, idee, ideali, programmi pochi o vaghi, sentimenti e passione civile, zero.** *Gestiscono interessi, i più disparati, i più contraddittori, talvolta anche loschi, comunque senza alcun rapporto con le esigenze e i bisogni umani emergenti, oppure distorcendoli, senza perseguire il bene comune. La loro stessa struttura organizzativa si è ormai conformata su questo modello, e* **non** *sono più organizzatori del popolo, formazioni che ne promuovono la maturazione civile e l'iniziativa: sono piuttosto federazioni di correnti, di camarille, ciascuna con un "boss" e dei "sotto-boss"!*

Questi giudizi, se si leggessero, oggi, su un qualsiasi giornale, coinciderebbero con le valutazioni di uno dei tanti giovani dirigenti del PD, deluso dalle scelte politiche di tutta intera la classe dirigente del suo partito (quella, cioè, che l'ha portato alla disfatta).

Quali dei valori espressi da Berlinguer in quella intervista, sono sopravvissuti, perché "incarnati" dai dirigenti del PD formati nelle fila del vecchio PCI, è veramente difficile scoprirlo. Forse, qualcuno può raccontare di uomini e donne del PD che **"non"** hanno perseguito l'occupazione dello Stato o delle altre Istituzioni locali, con le loro correnti e le loro guerre per bande? **Qualcuno può negare** che il PD si sia espresso al meglio, come macchina di potere e di clientela, qualificandosi per la scarsa conoscenza dei problemi della società e della gente, per la gestione degli interessi più disparati e contraddittori, senza rapporto con le esigenze ed i bisogni della comunità?

Se questi dirigenti del PD avessero almeno "letto" Berlinguer (i suoi giudizi e le sue valutazioni) probabilmente non avrebbero commesso gli errori ed i tradimenti che l'elettorato ha voluto punire con il voto del 4 marzo.

La loro sfrontatezza è stata assoluta e determinata: **hanno, scientemente, "violentato" la cultura, la passione, l'amore per la buona politica della loro base elettorale; hanno tradito uomini e donne che, prima, affidavano, ciecamente,**

alla loro responsabilità la guida delle comunità e li ritenevano i più idonei a guidare le sorti del Paese.

Oggi, si lamentano se gli iscritti sono ridotti a poche migliaia; se i giovani non vogliono sentirne parlare; se le loro riunioni sembrano sempre più spesso adunanze di reduci che assemblee vive e partecipate, alla ricerca delle soluzioni per rilanciare il partito.

Hanno tradito non solo Berlinguer ma tutta la storia della sinistra italiana, quella che il vecchio leader del PCI, sempre nella stessa intervista, definiva come la "**diversità**" del suo partito con queste parole:

" ...*noi vogliamo che i partiti cessino di occupare lo Stato... e ciò possono farlo non occupando .... sempre più numerosi centri di potere in ogni campo, ma interpretando le grandi correnti di opinione, organizzando le aspirazioni del popolo, controllando democraticamente l'operato delle istituzioni. Ecco **la prima ragione della nostra diversità. Le sembra che debba incutere tanta paura agli italiani?** Noi pensiamo che il privilegio vada combattuto e distrutto ovunque si annidi, che i poveri e gli emarginati, gli svantaggiati, vadano difesi, e gli vada data voce e possibilità concreta di contare nelle decisioni e di cambiare le proprie condizioni, che certi bisogni sociali e umani oggi ignorati vadano soddisfatti con priorità rispetto ad altri, che la professionalità e il merito vadano premiati, che la partecipazione di ogni cittadino alla cosa pubblica debba essere assicurata".*

Ecco, **la domanda che Berlinguer faceva al suo interlocutore** andrebbe rivolta a quei dirigenti che hanno costruito un partito che, dopo mani pulite, ha perseguito, nei fatti, un unico obiettivo, l'occupazione dello Stato finalizzato alla gestione del potere, trascurando ogni lotta ai privilegi e dimenticando non solo il merito e la professionalità ma soprattutto i poveri, gli emarginati e gli svantaggiati della società. Mi chiedo: l'hanno fatto perché credevano che **quella loro diversità** (rispetto all'antagonista del momento: Berlusconi o la destra post-fascista) **avrebbe potuto incutere paura nella gente e nella pubblica opinione, fino a determinarne la sconfitta?** O, invece, erano essi stessi ad essere convinti che la loro "origine" comunista li potesse condannare a restare eternamente fuori dalla stanza dei bottoni, solo **perché quelli che contavano, in Italia e in Europa, avevano paura delle scelte di sinistra** che avrebbero potuto adottare in difesa del bene comune?

Certamente, fattori diversi hanno concorso ad una trasformazione radicale di quel partito, rispetto alle intenzioni, alle speranze ed alla volontà di tanti democratici che, sin dalla prima ora, riposero la loro fiducia nella novità della proposta politica.

Sta di fatto che i risultati sono stati sconvolgenti ed inimmaginabili.

Quella sinistra, da forza politica nata in rappresentanza delle classi deboli e povere della comunità, ha trasformato la propria natura, i propri valori ed i propri programmi, senza nemmeno rendersene conto, potremmo dire per inerzia culturale e comportamentale.

Proviamo ad esemplificare: **le cooperative di consumo,** nate per permettere alle classi meno abbienti di poter accedere al commercio di beni primari, ottenendo prezzi più bassi ed alla loro portata, si sono trasformate in centri di potere economico e finanziario, fino a mettersi in concorrenza con gruppi commerciali economicamente più forti.

Ed ancora: **le cooperative edilizie**, costituite per permettere ai lavoratori l'accesso alla proprietà di un bene primario quale la casa di abitazione, con l'aiuto dello Stato, pure queste sono, in parte, diventate Società di costruzione di rilevanza nazionale ed internazionale. Sono cresciute (sono diventate ricche e competitive) grazie agli appalti "favoriti" dalla classe politica ed i loro dirigenti si sono confusi nella nomenklatura partitica dalla quale essi stessi provenivano.

E che dire de**lle banche e delle assicurazioni!?!** Senza fare nomi, le vicende di questi ultimi anni sono sotto gli occhi di tutti: dai tempi della famosa frase di Fassino "*allora, abbiamo una banca?*", ai salvataggi delle banche guidate e gestite dalla politica locale. Per non parlare della forte espansione della più antica compagnia di assicurazione, nata e cresciuta grazie alla sinistra ed ai sindacati, che oggi è stabilmente inserita nel salotto buono della finanza italiana!

Non si tratta di pettegolezzi, di fake news o di false interpretazioni!

Con questi presupposti è successo l'inverosimile e l'inatteso: il partito dei lavoratori è diventato il partito delle banche e la forza politica che avrebbe dovuto difendere i deboli e gli emarginati si è occupata di rappresentare e difendere gli interessi della finanza e della grande imprenditoria, industriale e commerciale!

E, se mai questo giudizio, così netto e perentorio, non fosse vero in maniera assoluta (**come è probabile che sia**), il **problema vero, per il Partito Democratico, è che questo quadro è apparso verosimile agli occhi della pubblica**

opinione: a quei cittadini che si sono sentiti trascurati e traditi dalle scelte politiche che hanno privilegiato la finanza e non i poveri, che hanno curato gli interessi degli imprenditori e non dei lavoratori, sacrificando il merito a vantaggio dei privilegi e dei favoritismi.

La crisi economica internazionale ha fatto il resto: sicché i governi del PD che si sono succeduti a Monti (pure appoggiato dai democratici) hanno declinato provvedimenti e riforme tutte volte a rassicurare il capitalismo internazionale e mondiale, soffocando la crescita del Paese, riducendo alla fame milioni di cittadini e costringendo la classe media a sacrifici insopportabili (ancor più se rapportati all'accrescersi dei privilegi e dei cattivi costumi di quegli stessi politici che predicavano l'austerità per gli altri mentre loro continuavano a sprecare risorse nella cura delle clientele personali e familiari).

Così, in parte, si spiega la risposta negativa dell'elettorato, così si può capire come mai il miglior ministro del governo Gentiloni (mi riferisco al Ministro degli Interni, Minniti), candidato in un collegio "sicuro" in una regione rossa (le Marche) sia stato sonoramente sconfitto da una candidata 5Stelle nemmeno tanto nota e preparata!

Fingere di ignorare certi risultati e le cause che li hanno determinati, limitandosi a gridare allo spauracchio del fascismo e del razzismo prossimo venturo, non aiuterà il PD a cambiare il voto degli italiani, se a farlo, saranno gli stessi dirigenti che hanno causato il disastro.

Non credo che, da soli, riusciranno a rendersene conto. Anche perché molta della stampa nazionale non li sta aiutando a capire gli errori ed a cambiare radicalmente registro. Ed anche perché tanti simpatizzanti della Sinistra si comportano come quel soldato giapponese che, finita la guerra, continuava a combattere nella foresta cambogiana, perché rifiutava di arrendersi all'evidenza, accettando la sconfitta e mettendosi al lavoro con determinazione per ricostruire il suo Paese con la stessa intensità e volontà che avevano contrassegnato il suo compito di combattente, onesto e leale al servizio della sua unica Patria!

Per completezza, c'è solo da aggiungere che non minori responsabilità, quanto ai tradimenti, debbono porsi a carico della dirigenza del PD di estrazione cattolico-democratica.

Infatti, se è vero che l'Episcopato italiano (da Ruini in poi) aveva sancito il cosiddetto pluralismo della presenza dei cattolici in politica (giustificando, addirittura, l'appoggio alla destra di alcuni esponenti e movimenti di estrazione cattolica) è altrettanto vero che proprio la cosiddetta sinistra cattolico-democratica ha abdicato al ruolo di rappresentanza, di coinvolgimento e crescita culturale di quella parte del mondo cattolico che trovava nell'impegno socio-politico il suo naturale sbocco.

Sicché, da un lato, alcuni movimenti cattolici "barattarono" il proprio appoggio alla destra in cambio di favori personali (la promozione a cariche istituzionali dei loro esponenti: i fiori all'occhiello di una classe politica impresentabile) o di gruppo e, dall'altro, si interruppe quel canale di comunicazione tra i movimenti di volontariato e di impegno sociale di matrice cattolica con la dirigenza politica che, nel passato, aveva permesso non solo di costruire una classe dirigente preparata ed affidabile ma aveva aiutato la Politica a perseguire quei valori che trovavano il loro fondamento nella Dottrina Sociale Cristiana.

Perciò, quella classe politica non è stata più capace di scovare al suo interno i Dossetti, i De Gasperi, i La Pira, i Moro, i Fanfani, i Sullo e gli altri uomini politici che avevano dato lustro alla vecchia Democrazia Cristiana ed erano stati, nel tempo, validi testimoni del Cattolicesimo Democratico.

Alla fine, tutti quelli che avevano millantato una continuità con quella classe politica e con i valori da essa rappresentata **sono stati "scoperti e sbugiardati" dalle scelte fatte e dal diretto coinvolgimento nella mala-politica che ha segnato la fine della presenza dei cattolici nella politica italiana.** Ciò è comprovato dal fatto, vero, che anche l'elettorato cattolico, in maniera omogenea su tutto il territorio nazionale, ha preferito altre opzioni al momento del voto, bocciando sonoramente le decisioni politiche ed i comportamenti della classe dirigente del PD dalla quale era stata delusa!

Le cause immediate della sconfitta

Se queste possono essere state alcune delle cause remote della grave sconfitta della sinistra italiana e della vittoria del Movimento 5Stelle, prima, e della Lega salviniana dopo, la responsabilità più grande della sconfitta va attribuita a quei dirigenti del PD che hanno "concorso", ognuno nel suo ruolo, istituzionale o politico, alla gestione del partito negli ultimi anni, influenzandone le scelte: mi riferisco ai vari Bersani, D'Alema, Renzi, Fassino, Napolitano, Gentiloni, Letta... etc etc (insomma tutta la classe dirigente del PD, prima e dopo la scissione)!

La prima e più grave incapacità politica è stata quella di non essersi accorti dello scollamento tra il PD e la pubblica opinione e, insieme, di aver sottovalutato la capacità del Movimento 5Stelle di rappresentare i bisogni dei cittadini.

Che il PD attraversasse una crisi seria erano i numeri a dirlo: gli iscritti che erano precipitati al livello dei partitini ed alcuni risultati elettorali avevano segnalato un partito in affanno, privo di idee e di forza trainante (valga, come esempio, il risultato alle regionali del 2014 in una regione "simbolo" della sinistra: l'Emilia Romagna, con una perdita secca di oltre 300.000 voti, più del 40% in meno rispetto alle precedenti elezioni). Nel tempo, poi, i sondaggi hanno evidenziato una scarsa adesione dei giovani al partito nel quale, invece, cresceva il potere degli uomini di un apparato autoreferente, privo di coraggio e fantasia. Infine, i giochi di potere, con la ricerca di alleanze sempre più discutibili, che hanno finito per oscurare i valori e gli ideali intorno ai quali il PD era nato ed ai quali quei dirigenti dicevano di ispirarsi.

Chi non ricorda la "famosa" sfida di Fassino ai 5Stelle, datata 2009, (*"Se Grillo si sente tanto forte, metta in piedi un'organizzazione, si presenti alle elezioni e vedremo quanti voti prende")*? E come dimenticare le difficoltà di quel partito a trovare un'intesa minima e ragionevole al momento della scelta del Presidente della Repubblica che portò alla rielezione di Napolitano? E le forzature dello stesso Presidente della Repubblica finalizzate ad una riforma costituzionale, mai realizzata?

Furono questi fattori ad offrire le prime indicazioni sullo stato di un partito in disfacimento, nel quale i gruppi dirigenti *"divisi per bande"* (avrebbe detto Berlinguer) restavano insieme solo per organizzare la gestione del potere che, ancora, riuscivano a spartirsi, coerentemente alla loro vocazione primaria.

Infine, la crisi economica mondiale, mal gestita dal governo di centro-destra, aggravò la situazione facendo esplodere il malcontento popolare in una misura molto più forte di quanto qualsiasi analista avrebbe potuto immaginare.

Il fallimento del governo Berlusconi costrinse il PD a farsi carico del risanamento del Paese, affidandosi alle scelte dei "professori e dei banchieri" che avevano come unico obiettivo la difesa del capitalismo ritenuto essenziale alla tutela dell'occupazione e dello sviluppo.

Allora sembrarono (e furono presentate all'opinione pubblica) come decisioni inevitabili per fermare il "default" dell'Italia, come stava avvenendo nella vicina Grecia! **Quelle, però, furono le scelte più invise agli italiani** (la riforma delle pensioni, il blocco degli stipendi, il salvataggio delle banche e l'inasprimento fiscale) e **divennero il "biglietto da visita" del partito democratico** (il maggior azionista del governo Monti e di quelli guidati successivamente da esponenti del P.D.).

Da quel momento, cominciò ad insinuarsi nella mente e nel cuore degli italiani un sentimento che, a posteriori, possiamo definire di *"odio e rancore"* verso la classe politica che guidava il Paese. Un sentimento alimentato e rafforzato dal convincimento che *"tagli, sacrifici e riforme"* **erano destinati solo alla maggioranza "debole" degli italiani**: mentre non toccavano nessuno dei privilegi della politica, non ne riducevano le "capacità corruttive", né limitavano la vocazione al profitto dei capitalisti e dei politici che vedevano crescere le loro ricchezze personali in danno della maggioranza dei cittadini.

Di fatto, quelle scelte di politica economica portarono all'impoverimento della classe media del paese (che scoprì l'"evanescenza" del benessere conquistato negli anni dello sviluppo economico) ed aggravò il distacco tra la parte ricca del Paese (quell'1% che deteneva oltre il 50% della ricchezza) ed il resto d'Italia! A nulla servirono le spiegazioni dei professori e dei tecnici: gli italiani cominciarono a credere nella necessità di opporsi al crescente pauperismo ed all'inaccettabile limitazione dei bisogni, cresciuti per effetto del consumismo ormai dominante nelle consuetudini degli italiani.

Su questi temi e rispetto a queste scelte la responsabilità del fallimento del Partito Democratico, oltre che alla Sinistra, può attribuirsi, parimenti, a quella parte del Partito che diceva di richiamarsi ai valori del Cattolicesimo Democratico.

Che fine avevano fatto la solidarietà e la sussidiarietà che stavano alla base del personalismo cattolico? Quali leggi e quali provvedimenti, adottati dai governi del rigore, potevano dirsi ispirati a quei valori? E dove era finito lo "*spirito di servizio*" a favore del Bene Comune che aveva ispirato la definizione di Paolo VI "*la Politica è il più alto esempio di Carità*"?

Nemmeno la comparsa sulla scena mondiale di una figura rivoluzionaria, come Papa Francesco, servì a "risvegliare" la coscienza etica e sociale dei cattolici che, fino ad allora, erano impegnati in politica nelle fila del partito democratico. Eppure, nella sua Esortazione apostolica "Evangelii Gaudium", Egli aveva ribadito l'insegnamento chiave della Dottrina Sociale: "*Una fede autentica implica un profondo desiderio di cambiare il mondo, di trasmettere valori, di lasciare qualcosa di migliore dopo il nostro passaggio sulla terra...*", fino a chiedere la crescita "*...di politici capaci di entrare in un autentico dialogo .... che abbiano davvero a cuore la società, il popolo, la vita dei poveri*".

Quanti richiami andati a vuoto, inascoltati da quei dirigenti che pur dicevano di ispirarsi agli insegnamenti del cattolicesimo sociale, i quali si dedicarono ad altro, rispetto alle indicazioni di Papa Bergoglio: **uomini politici sempre più preoccupati di occupare spazi di potere anziché impegnarsi ad avviare processi di cambiamento della società** (contra, E.G.:"*il tempo è superiore allo spazio*"); **che si qualificavano per la loro capacità di innescare conflitti sacrificando l'unità dell'impegno politico e sociale** (contra, E.G.: "*l'unità prevale sui conflitti*"); **che operavano scelte a favore della parte economicamente più forte in danno dei poveri e degli**

esclusi (quelli che il Papa definiva *"lo scarto"* della società, dopo aver indicato, proprio ai politici cattolici, il metodo per realizzare l'armonia sociale *"il modello non è la sfera...ma il poliedro che riflette la confluenza di tutte le parzialità che in esso mantengono la loro originalità"*, sicché *"l'azione politica deve raccogliere in tale poliedro il meglio di ciascuno. Lì sono inseriti i poveri, con la loro cultura, i loro progetti e le loro potenzialità..."!* cfr E.G.: L'inclusione sociale dei poveri).

Idee, proposte e suggerimenti che sono rimaste lettera morta nella prassi politica e nelle scelte di governo.

Così come nessun risultato ebbero i continui richiami del Santo Padre contro la corruzione dilagante nel mondo politico: *"La corruzione come bestemmia... il cancro che logora le nostre vite....che è all'origine dell'uomo sull'uomo...del degrado e del mancato sviluppo...ed anche dell'incuria e dell'assenza di servizi alle persone"!*

Chi non ricorda **il grido di allarme** lanciato in occasione della celebrazione di una S. Messa per la Quaresima del 2014, organizzata per il ricevimento di una folta delegazione di esponenti del mondo politico di ispirazione cattolica: *"No alla corruzione, agli interessi di partito, ai dottori del dovere e ai sepolcri imbiancati"!!*

Moniti inascoltati, preoccupazioni lasciate cadere nel vuoto, insegnamenti rimasti "appesi" nelle coscienze di quella classe dirigente di ispirazione cattolica, come i panni sporchi appena passati in lavatrice e messi ad asciugare al sole dell'indifferenza e, di nuovo, indossati ed utilizzati, malgrado le macchie, come vestiti "preferiti" dai politici che, ormai, non potevano più farne a meno!

In quegli stessi giorni, quelle parole, quei moniti e quelle preoccupazioni lasciavano il segno nel cuore e nella mente dei cittadini, di qualunque fede religiosa, sempre più vicini al pensiero del Papa e sempre più lontani dalle brutte abitudini dei politici le cui malefatte venivano scoperte e sanzionate dalla Magistratura.

Ecco perché i risultati elettorali del 4 marzo hanno stupito solo le persone che erano state meno attente a tutto quello che sul piano culturale, sociale ed economico era successo in Italia!

Le responsabilità di Renzi e del "suo" Gruppo dirigente

Il capolavoro del Partito Democratico, finalizzato al definitivo fallimento politico, si è concretizzato, in ultimo, con le scelte politiche di Renzi alla guida del PD e del governo del Paese.

Eppure, l'ex sindaco di Firenze aveva, inizialmente, aperto la mente ed i cuori degli elettori e simpatizzanti del PD alla speranza di un rinnovamento radicale degli uomini e dei costumi della politica. E bisogna dire che, in parte, c'era pure riuscito!

Probabilmente, al momento della sua scalata al vertice del partito, aveva intuito le difficoltà della classe dirigente del PD, sempre più autoreferente ed incapace di formulare proposte nuove per il futuro del Paese.

Certamente, il tentativo di rinnovamento avviato dall'ex sindaco di Firenze è stato, in parte, concreto e, se si vuole, anche visibile. L'idea della rottamazione di un metodo di far politica che "aveva ingessato" il PD, riducendolo solo a strumento di gestione del potere, accese nel cuore degli italiani un entusiasmo che avrebbe meritato ben altri esiti.

Furono in tanti, allora, ad illudersi che quella nuova classe dirigente sarebbe riuscita a diffondere, nel corpo "morente" del partito, i germi di una rinascita culturale e politica che prometteva cambiamenti radicali. Dopo anni di lotte, nel partito "tornò" la discussione politica: le tematiche delle Direzioni del PD ebbero una buona accoglienza nella pubblica opinione (che poteva seguirli in diretta TV) e persino alcune scelte di campo riuscirono a colpire la fantasia dei cittadini che sognarono il ritorno alla buona prassi ed alla partecipazione attiva di nuovi, anche giovani, simpatizzanti.

Ecco, se dovessi individuare una data che ha segnato il momento di rottura con l'idillio iniziale che il renzismo era riuscito a creare nel Paese, sarei in difficoltà! Probabilmente, il concorso di una molteplicità di fattori (e di errori) hanno portato quel leader (ed il suo partito) alla sconfitta più grande che la storia politica italiana possa ricordare.

Certamente, il momento più significativo è stato quello del Referendum Costituzionale: quando il coraggio di Renzi, nel proporre una riforma delle istituzioni, in parte attesa dalla opinione pubblica, fu sonoramente bocciato dai cittadini che vollero punire alcune scelte inopportune del leader del PD.

La responsabilità più grande di Renzi trovò origine nel "delirio di onnipotenza" che segnò quella fase politica! Il doppio ruolo di Presidente del Consiglio e Segretario del PD fu visto con grande preoccupazione da parte dell'opinione pubblica nazionale. Tutti coloro che avevano combattuto contro lo strapotere di Berlusconi rabbrividirono rispetto alle capacità espansive di una leadership più giovane ed anche meno esposta, sul piano etico, del padre-padrone di Forza Italia.

Nel momento in cui decise di puntare tutto sulla Riforma delle Istituzioni, Renzi commise il primo grave errore di non "guardarsi le spalle": di non placare, cioè, le tensioni all'interno del suo partito (se mai con qualche compromesso a favore delle ambizioni di potere di alcuni personaggi della sinistra ex DS). Sbagliò, anche, perché si illuse sul fatto che, avendo cooptato alcuni giovani della sinistra ex DS, l'elettorato post-comunista potesse seguirlo insieme a quei dirigenti, elevati ai vertici del partito o dello stato. Quella parte di popolo, però, aveva già fatto scelte diverse ed in parte si accingeva a farle!

Poi, continuò, imperterrito, ad imporre il suo progetto di riforma, a colpi di fiducia, prima al partito e poi al Parlamento! Con la conseguenza che una parte del PD si schierò, pubblicamente, contro avviando, nei fatti, quella sciagurata scissione che fu, poi, una concausa della deflagrazione del 4 marzo.

In ultimo, l'ingenuità madornale di "intestarsi" la battaglia referendaria, sperando nel "cappotto": 1) *ripulire il partito da quella che lui riteneva la zavorra ideologica di sinistra*; 2) *riformare lo Stato accogliendo alcune istanze "populiste"*; 3) *riformare la legge elettorale confidando nei risultati delle europee e nella capacità attrattiva del suo partito per le future alleanze.*

Così, **il Referendum costituzionale, anziché essere momento di scelta/approvazione delle nuove regole istituzionali, assunse i caratteri di plebiscito popolare "a favore o contro Renzi", uno speciale referendum ad personam, che registrò alleanze improbabili (tra la destra berlusconiana e leghista con la sinistra estrema e quella populista) pur di mandare a casa il capo del Partito Democratico!**

In quelle condizioni, il risultato (che sarebbe stato in bilico se gli elettori avessero dovuto giudicare il merito della riforma, senza farsi fuorviare dai rischi conseguenti alla legge elettorale) divenne scontato. Perché la figura del leader aveva, già, subito un notevole appannamento per effetto sia delle scelte relative alla classe dirigente che di quelle legate al governo del Paese. La sconfitta al referendum costrinse Renzi alle dimissioni come aveva, presuntuosamente, promesso in campagna elettorale e cominciò la fase di incertezza, contraddittorietà e precarietà politica che si esaurì nella scelta della nuova legge elettorale a ridosso del voto per il rinnovo del Parlamento.

La bocciatura di Renzi (ed il suo "finto" disimpegno successivo) fu il primo passo di uno scivolone paurosamente diretto verso il burrone spalancatosi, poi, con il voto del 4 marzo.

Anche in quest'ultima fase, le scelte del PD furono assolutamente inadeguate: ispirate (possiamo ben dirlo a posteriori) da una volontà suicida nata nella confusione mentale nella quale fu gestito il partito che portò alla scelta del cosiddetto Rosatellum (la legge elettorale che ha condannato il PD all'irrilevanza).

Tutti compresero subito che quella legge, malgrado il doppio sistema di voto, sarebbe stata una normativa sostanzialmente "proporzionalista" (al contrario dell'Italicum e del maggioritario scelto dal PD al momento della sua fondazione). Fu subito chiaro che essa era stata costruita per bloccare la crescita del Movimento 5Stelle, introducendo una quota-parte di voto maggioritario nei collegi uninominali nei quali i "migliori" candidati sul territorio avrebbero concorso tra loro per la conquista di un seggio.

In altre parole, i grandi strateghi del PD erano certi che i 5Stelle, che avevano uno scarso radicamento sul territorio, per la loro precaria presenza nelle amministrazioni locali, sarebbero risultati soccombenti quasi dappertutto a vantaggio dei candidati PD certamente più conosciuti dalla opinione pubblica. Questa convinzione li indusse ad imporre, quasi ovunque, candidati di apparato: "parcellizzati" tra i partiti della coalizione di centro sinistra e le correnti del partito, personaggi noti ma esterni alla vita delle comunità! Non solo, ma l'altro errore di Renzi fu quello di agevolare la scissione: lasciando fuori una fetta dell'elettorato del PD ed immaginando che l'alleanza con le tre mini-formazioni di centro (Più Europa, Civica Popolare e Italia Europa Insieme) potesse accrescere il numero degli eletti del suo partito al proporzionale (perché, se nessuno di costoro avesse superato il 3%, i loro voti avrebbero favorito l'elezione dei candidati PD nelle stesse circoscrizioni).

Di fatto, chi mise in piedi quella legge non aveva nemmeno lontanamente pensato ad un successo così eclatante dei 5Stelle, anche nei collegi uninominali ed era sicuro che il PD sarebbe stato al centro di ogni possibile alleanza di governo post voto, in continuità con il "patto del Nazareno" che aveva permesso la vita degli ultimi governi.

Fu, quella, la dimostrazione pratica delle scarse qualità strategiche di una classe dirigente improvvisata ed inadeguata!

Come si poteva pensare di proporre una legge elettorale che premiava le alleanze sapendo bene che, a seguito della scissione, il centro sinistra si presentava monco ai nastri di partenza, perché privo di una parte qualificante del suo elettorato? Come si poteva confidare sul "voto utile" in una fase di grande debolezza politica, successiva alla sconfitta referendaria ed alla scissione? E come, infine, si poteva costruire un risultato positivo imponendo, quasi esclusivamente, candidati di apparato, con la preoccupazione di "salvare" figure emblematiche del fallimento con le pluri-candidature ed i paracadute nei collegi proporzionali?

In ultimo, la campagna elettorale venne affidata ad una classe dirigente rassegnata e perdente che mostrò tutti i suoi limiti: per l'incapacità di "sentire" il polso dell'elettorato che ha preferito premiare il Movimento 5Stelle e la Lega di Salvini, malgrado le loro impreparazioni e la contraddittorietà e/o precarietà delle loro proposte.

La gestione della sconfitta

In verità, anche la fase post-elettorale è stata costellata da errori evidenti: guidata da un pressapochismo politico reso ancora più pericoloso dal frastuono mentale nel quale i dirigenti del PD si sono trovati dopo la sonora sconfitta.

Il Partito Democratico ha ripetuto gli errori che fece Bersani subito dopo le elezioni del 2014, quelli che lo portarono, dopo il difficile confronto con il Movimento 5Stelle, al discutibile patto con Berlusconi ed alla definitiva alleanza con la "costola" Alfano!

A chi dovesse tornare alla mente la diretta streaming tra Bersani ed i 5Stelle, non potrà sfuggire la brutta figura del leader PD, esposto alla berlina dall'atteggiamento provocatorio dei rappresentanti penta-stellati. Mancò, allora, la fantasia ed il coraggio di una proposta radicalmente innovativa da parte del PD!

Scriveva Simone Weil che *"l'umiltà è la capacità di farsi carico delle ragioni dell'altro"*.

Quello che mancò, al PD ed a Bersani, fu proprio l'umiltà nell'approccio con la dirigenza dei 5Stelle che avevano vinto le elezioni riuscendo a portare in Parlamento una rappresentanza numericamente molto forte. Allora, sarebbe stato sufficiente un semplice ragionamento, fondato sui numeri, per capire che delle due l'una: o il PD sarebbe riuscito a trovare un'intesa con il Movimento oppure avrebbe dovuto consegnarsi nelle mani di Berlusconi e dei suoi alleati.

Rispetto alla necessità-opportunità di "approfondire" (il minimo che un partito politico "avrebbe dovuto" fare era quello di valutare e studiare le ragioni della vittoria degli altri) il significato del voto che aveva premiato i grillini, il PD scelse l'altra strada, consapevole dei rischi che avrebbe corso, per effetto dell'abbraccio con il nemico di sempre (Berlusconi) ma soprattutto per la continuità con le scelte di governo, già bocciate dall'elettorato con un segnale inequivocabile.

Se fosse prevalsa un po' di intelligenza e la *"capacità di farsi carico"* dei desideri dei tanti elettori che avevano lasciato il PD e si erano affidati ai grillini, ingenui ed inesperti ma potenzialmente onesti ed affidabili, l'approccio con il Movimento avrebbe dovuto essere assolutamente diverso.

Perché l'eccezionalità della situazione, determinata da un voto "sconvolgente", non meritava una gestione secondo le vecchie liturgie della politica ma imponeva un coraggio ed una fantasia alla quale i dirigenti del PD non erano pronti.

In Politica, si sa, la presunzione è più pericolosa e dannosa dell'ignoranza! Ma questa è una lezione che, in Italia, la Sinistra non ha ancora capito! Soprattutto la sinistra delle "élite" che, nella prima Repubblica, non riuscì mai a sfondare nel cuore dell'elettorato italiano, malgrado tanti leader intelligenti e preparati e gli esempi virtuosi di alcune amministrazioni rosse!

Ancora oggi, tanti ex elettori del PD non si spiegano come mai il loro partito abbia negato il proprio voto per la Presidenza della Repubblica ad un giurista come Rodotà, lasciando la bandiera della sua onestà e competenza nelle mani dei 5Stelle! Così come in tanti non comprendono come e perché, negli anni successivi, quel partito abbia chiuso ogni possibilità di comunicazione e di confronto con il Movimento e con i suoi rappresentanti, presenti in Parlamento e fuori! Ed infine, resta incomprensibile a molti, l'atteggiamento ipergarantista del PD rispetto alle giuste critiche sulla "onestà e correttezza" di comportamento dei suoi rappresentanti dentro e fuori le istituzioni.

A volte mi chiedo (ma era un'idea già viva ai tempi dell'incontro in diretta streaming tra Bersani e la delegazione dei 5Stelle), **e se Bersani avesse chiesto al suo partito il mandato a trattare con i 5Stelle con una proposta del genere:** *"poiché noi non abbiamo una maggioranza autonoma e voi siete, nei fatti, il primo partito (con il 25,5% rispetto al 25,4%), siamo pronti ad appoggiare, dall'esterno e/o con tecnici da noi indicati, un vostro governo, avviando una discussione, nel merito, sui programmi e sulle scelte da fare...?!?"*

Mi domando: cosa avrebbe potuto temere il PD da un governo a guida 5Stelle in una fase nella quale la loro presenza parlamentare era formata, quasi esclusivamente, da giovani di bella speranza ma privi dei fondamentali nella gestione della cosa pubblica? Forse un'"esperienza ravvicinata" con i valori di trasparenza, legalità ed onestà (oltre che con le scelte a difesa dei poveri, degli esclusi, dei disoccupati...etc) avrebbe costituito un pericolo per un partito che pure si richiamava ai valori della sinistra ed a quelli del cattolicesimo democratico? Chi tra i due possibili alleati (Movimento 5Stelle e PD) rischiava di perdere di più da una siffatta alleanza? E, per contro, chi tra i due avrebbe potuto influenzare, positivamente, l'altro nelle decisioni finalizzate a progetti e risultati a favore del bene comune e, perciò, apprezzati dalla pubblica opinione?

Presunzione, mancanza di umiltà, cecità politica e, purtroppo, ferma determinazione a perseverare solo nella

gestione del potere (come Barca aveva lucidamente descritto nel suo Manifesto) impedirono al PD scelte coraggiose e rivoluzionarie che avrebbero potuto arrestare il declino, rinnovare la passione politica dei cittadini e rilanciare il partito.

Quella classe dirigente non fu all'altezza di un comportamento così coraggioso ed intraprendente! Non fu aiutata nemmeno da tanti osservatori, giornalisti e uomini di cultura che rifiutarono di capire il successo del Movimento 5Stelle. Infine, essi non fecero niente nemmeno per intestarsi alcune delle battaglie, ideali e sociali, per le quali erano stati premiati i 5Stelle!

In politica è pacifico che, quando ci si rende conto che l'avversario riscuote consensi su alcune questioni e tematiche, si ha il dovere, nella logica della competizione, di "preoccuparsi di quelle questioni e di quei problemi", se mai offrendo una soluzione migliore e più ragionata ma sempre finalizzata a soddisfare i bisogni dei cittadini. E' una regola elementare della politica: non la discussione nei salotti per "spaccare il capello" su ogni possibile alternativa o su quale possa essere la soluzione "più di sinistra", ma una presa di posizione concreta ed efficace a difesa degli interessi, dei bisogni e delle necessità dei cittadini; del bene di tutti o quanto meno della maggioranza di essi, prima di ogni altra disquisizione sui tempi e sulle modalità da adottare per risolvere i problemi.

Oggi, il Partito Democratico, a distanza di mesi dalla batosta più sonora che la storia politica italiana possa ricordare, **sta ancora a discutere sui nomi, sui tempi e sulle modalità dell'elezione del segretario, sulle poltrone da**

occupare nelle Istituzioni, sul ruolo di Renzi e dei suoi fedelissimi che hanno in mano il pacchetto azionario (le tessere) più consistente del partito!

La Politica (**in verità, una politica nemmeno tanto bella ed interessante**) la lasciano fare ad altri: convinti, come sono, di essere dalla parte della ragione. Si sono messi tutti comodi, in fila lungo il fiume, in attesa che il cadavere dell'alleanza giallo-verde passi da un momento all'altro, come unico risultato possibile delle insipienze e delle incapacità degli avversari! E nemmeno il rischio di una probabile vittoria della destra fascista e razzista sembra impensierirli più di tanto.

Eppure, sarebbe stato sufficiente trarre spunto dal pensiero di Papa Francesco per scoprire la soluzione idonea a fermare il disastro: *"E' tempo di sapere come progettare, **in una cultura che privilegi il dialogo come forma di incontro**, la ricerca di consenso e di accordi senza però separarla dalla preoccupazione per una società più giusta, capace di memoria e senza esclusione.... **Si tratta di un accordo per vivere insieme, di un patto sociale e culturale"*** (cfr Evangelii Gaudium, n.239)

Perciò, mi chiedo: come è stato possibile "rifiutare", a priori, ogni possibilità di dialogo con il Movimento 5Stelle, **costringendoli a trovare un'intesa con la Lega di Salvini?** Quanti consensi sta guadagnando il PD per aver scelto l'Aventino e l'opposizione dura e pura? Ed infine, quali vantaggi ne avrà il Paese (e gli stessi elettori del PD) se le scelte economiche, politiche e sociali di questa strana alleanza di governo dovessero fallire?

Oggi, già a distanza da alcuni mesi dalla nascita del cosiddetto governo giallo-verde dovrebbe essere chiaro alla dirigenza del partito democratico che i punti di convergenza tra i loro programmi e quelli del Movimento 5Stelle erano di gran lunga maggiori di quelli trascritti nel "contratto" firmato da quest'ultimi ed i leghisti.

Ma una scelta di confronto e di dialogo sarebbe stata possibile solo se vi fosse stata la vera "abdicazione" di Renzi (e dei suoi più stretti collaboratori) rispetto alla funzione preminente all'interno del partito e dei gruppi parlamentari. Ecco, un dialogo (per "vedere" le carte e/o per "capire" meglio fino a che punto fosse possibile un'intesa) sarebbe stato utile solo se quella classe dirigente avesse dimostrato un effettivo e concreto "spirito di servizio" a favore del bene comune, orientato a scelte a favore degli ultimi e, soprattutto, nell'interesse della "libertà e della democrazia" messe in pericolo dalla probabile vittoria di una destra sovranista e razzista, elevata alla guida del Paese.

Rispetto a queste prospettive i dirigenti del PD hanno messo in campo tutta la loro infinita supponenza: esponendo il Paese al rischio più grave, che non è quello del "default" economico ma quello del fallimento del sistema democratico!

In politica, la regola del tanto peggio tanto meglio non ha mai pagato. Perché certi comportamenti rischiano di far allontanare anche gli ultimi simpatizzanti del partito. **E perché diventa sempre più difficile fare il tifo per un partito politico che si muove nell'irrilevanza ed appare destinato all'estinzione!**

Sta di fatto che i sondaggi segnalano una continua emorragia di consensi. Perché, a mio sommesso avviso, **i sondaggi descrivono, di solito, una tendenza che può diventare "valanga" al momento del voto**: in positivo, a favore di chi sta vincendo se imbrocca le scelte giuste, all'ultimo momento, ed in negativo, per chi sta perdendo se continua nei comportamenti dissennati che hanno causato la sconfitta.

I dirigenti del PD sembrano avere la mente chiusa e la vista annebbiata: non riescono a cogliere le ragioni della sconfitta (non hanno ancora fatto un'analisi rigorosa delle cause); conseguentemente, non sono in grado di guardare lontano (al bene del Paese) e soprattutto "oltre" le loro personali convenienze!

Paradossalmente, mentre le correnti si riposizionano pensando al prossimo Congresso (senza nemmeno essere certi sul "se e quando" si farà) ed ognuno è impegnato ad organizzare le truppe di riserva, il più audace di tutti torna ad essere Matteo Renzi che, nella sua nona Leopolda, ha immaginato la costituzione di "comitati civici" per favorire la partecipazione dei cittadini, con l'impegno, spero che sia così, di non lasciarli ai margini della vita e delle scelte del partito, come è successo con le primarie.

Perché, i problemi veri per il PD sono di duplice natura: da un lato, la necessità di ricostruire una linea di comunicazione e di rapporti con la maggioranza dei cittadini, dall'altro, la volontà e la determinazione di operare una chiara scelta di campo, a favore dei valori e dei principi sui quali fondare le ragioni dell'impegno politico fino ad accendere di nuovo l'amore e la passione politica.

Un nuovo modello di Partito

Per tutte queste ragioni, probabilmente, non serve un nuovo congresso del Partito Democratico; non serve, solo, un nuovo leader ed una nuova classe dirigente: **quello che serve è un nuovo modello di partito che sappia inventare nuove forme di partecipazione e sia capace di utilizzare nuovi strumenti per la determinazione delle scelte e delle politiche, sia a livello locale che nazionale.**

In verità, lo schema del partito di massa (organizzato sulla iscrizione, sui pacchetti di tessere ed in ultimo sui circoli, una volta sezioni) appare superato dai tempi e dagli strumenti che le nuove tecnologie possono mettere a disposizione di chi sia in grado di gestirli e di utilizzarli al meglio.

Confesso di non essere un esperto dei nuovi media: uso facebook, whatsapp, twitter e linkedin solo per gestire piccoli rapporti inter-personali, avendo ben chiara, però, la velocità, l'immediatezza e la comodità dell'utilizzo di questi mezzi.

Tuttavia, sono consapevole della straordinaria diffusione di questi strumenti di comunicazione, della loro peculiare efficacia e, soprattutto, delle enormi possibilità "espansive". Sicché immagino che calcolare il loro sviluppo, in chiave politica ed in termini esponenziali, nei prossimi anni, sia un esercizio non facile.

Mi pongo, perciò, una domanda: qualcuno crede che tra 3 o 4 anni sarà più facile, per una forza politica, organizzare un'assemblea di circolo per scegliere un segretario o un portavoce o non sarà assolutamente più semplice utilizzare, per gli stessi scopi, uno degli strumenti alternativi offerti dai nuovi media? Ed ancora: ove un gruppo o un movimento politico (mi riferisco, ovviamente, alla classe dirigente) volesse comunicare agli iscritti, ai simpatizzanti o a tutti i cittadini, una decisione o una scelta di carattere amministrativo, quale sarà lo strumento più efficace: il manifesto da apporre sulle mura della città, un'intervista televisiva, più o meno pilotata, o, infine una comunicazione-dichiarazione trasmessa con l'utilizzo dei nuovi media, con un moltiplicatore di diffusione del quale sono ancora sconosciute le potenzialità?

Orbene, se tutto questo che può apparire come "futuro" è già il "presente" vivo e dinamico della società, un partito politico che voglia avere l'ambizione di guidarlo non può restarne fuori, come un geloso custode di riti e liturgie del passato che non entusiasmano più nessuno e non soddisfano le aspettative della maggioranza dei cittadini.

Per questo, il nuovo partito dovrà essere "rifondato" con caratteristiche e qualità che riescano, insieme, a favorire una partecipazione diffusa dei cittadini alle decisioni politiche ed a rilanciare l'adesione a quei princìpi e valori che debbono essere alla base delle scelte concrete.

Ecco, io vorrei un partito che voglia "**ascoltare**" i cittadini, che riesca ad essere vicino ai loro bisogni, che sappia farsi interprete dei loro desideri e delle loro volontà e possa aiutarli nel discernimento delle scelte più giuste ed utili alla comunità. Un partito che abbia "**il senso della prospettiva**": una forza politica, cioè, che sappia guardare lontano, nelle scelte di governo, e che sappia farsi carico del futuro del Paese e **non si lasci dettare le decisioni dalle esigenze immediate delle forze dominanti in danno delle giuste aspettative delle giovani generazioni.**

Inoltre, il partito nuovo, che potrebbe fermare il vento di destra che soffia, preoccupante, sulle nostre comunità, dovrà porre, tra le sue pre-condizioni, due obiettivi di primaria importanza: **la questione morale e la scelta degli ultimi, dei poveri e degli esclusi.**

L'onestà, per i dirigenti politici, non è altro che un elevato senso dell'etica e della correttezza, personale e civile: quella che i Costituenti descrissero nel noto articolo 54 della Costituzione, *"i cittadini cui sono affidate le funzioni pubbliche hanno il dovere di adempierle con disciplina ed onore"*.

Con una precisazione, che **l'interpretazione di questo articolo sia la più rigorosa e severa possibile**: così da imporre a tutti quelli che esercitano funzioni pubbliche un obbligo di rispetto delle regole di onestà e correttezza superiore rispetto a quello cui sono tenuti tutti gli altri cittadini. Perché i rappresentanti politici di fatto si candidano ad essere "testimoni" (e spesso si trasformano in "maestri") di comportamento per tutti gli altri cittadini, proprio in relazione al ruolo pubblico che svolgono.

La scelta degli ultimi, infine, non può non essere il carattere distintivo di una forza politica che si dica di sinistra e che sia, nel contempo, ispirata ai valori della Dottrina Sociale Cattolica. Si tratta di una scelta di campo che viene prima di ogni altro progetto politico, perché ha come presupposto e fondamento la difesa della dignità delle persone e la tutela dei più deboli. Perché una comunità che non sappia occuparsi creativamente dei poveri, degli esclusi e degli emarginati è una comunità che rischia di esplodere e di auto-dissolversi per effetto delle contraddizioni sociali e delle reazioni che certe scelte politiche possono innescare.

Tuttavia, il partito che verrà, se fondato e rinnovato con questi ideali e su questi presupposti, potrà avere una speranza di successo e di sopravvivenza nella difficile situazione economico-sociale e politica, solo a condizione che vi sia una radicale e definitiva rivoluzione degli uomini che lo guideranno (la classe dirigente) e dei metodi di partecipazione politica.

Ho appena accennato alla necessità di "inventare" una nuova forma partito, qui voglio riproporre alcune delle più interessanti riflessioni di Fabrizio Barca: *"Sono le idee, talora maturate endogenamente, talora portate in modo anche traumatico dall'esterno, a poter rompere l'equilibrio perverso di "elite" estrattive, non solo rinnovandole ma facendo loro "cambiare la testa", cioè convincendole a giocare una partita che è di interesse generale"* (cfr. Il Manifesto per un partito nuovo per il bon governo). Così, Barca "profetizzava" sulla necessità-opportunità di una rivoluzione che sarebbe, necessariamente, passata **attraverso il cambiamento "della testa" del partito**, direttamente o indirettamente.

Con questo metodo, potrebbe nascere, finalmente: **1) il partito delle conoscenze; 2) il partito del confronto, della dialettica e del dibattito; 3) il partito aperto; 4) il partito palestra di formazione e di partecipazione.**

Ho consapevolmente tratto dal Manifesto di Barca i punti essenziali del nuovo modello partito: ovviamente sintetizzati secondo le mie modeste capacità, perché ritengo che le buone idee e le soluzioni più efficaci meritano attenzione ed interesse quando sono finalizzate al bene di tutti.

Cominciamo dal **partito "aperto"**: è del tutto evidente che la crisi del PD trova la sua causa primaria nell'autoreferenzialità della sua classe dirigente. La convinzione che il popolo debba essere educato e formato nelle scelte da fare resta il retaggio di una società in gran parte ignorante e sottoposta, nella quale la funzione delle "élite" era quella di aiutare le classi deboli e sfruttate ad emanciparsi ed a liberarsi dalla schiavitù. Un progetto ed un'idea nobile, finalizzata alla creazione di una società più giusta, se quel processo di emancipazione e di crescita culturale e sociale non fosse stato, in seguito, guidato da quei soggetti che, nella società globalizzata, hanno assunto il predominio sulle scelte degli Stati. Sicché, nello stesso momento in cui potrebbe dirsi soddisfatto il bisogno di alfabetizzazione primaria dei cittadini (quasi tutti sono in grado di leggere e scrivere e sono convinti di poter decidere con la propria testa) rileviamo che il sistema economico ha imposto nuove regole e nuovi bisogni che hanno portato una moltitudine di persone in una condizione di "asservimento" e di "schiavitù" sociale ed economica (vuoi per la mancanza di lavoro, vuoi, per l'impossibilità di soddisfare i bisogni, vuoi, infine, per le difficoltà esistenziali che hanno minato, fino a distruggerle, antiche certezze o antichi valori: la famiglia, la dignità, l'onestà, la fede, i rapporti interpersonali… etc).

In questa situazione, è evidente, quelli che pagano il tributo più gravoso sono i soggetti più deboli: i giovani, i poveri, gli emarginati, gli esclusi. **Questi costituiscono la bomba sociale più pericolosa e potenzialmente dannosa della nostra società: quella che può innescare processi di**

dissoluzione che possono mettere a rischio i valori fondanti della comunità!

Quel partito aperto, perciò, dovrà offrire proprio ai soggetti più deboli la speranza in un futuro diverso rispetto al presente: dovrà invogliarli alla partecipazione, con la certezza di poter concorrere al nuovo senza che prevalgano gli egoismi di pochi in danno dei bisogni di molti; dovrà garantire la correttezza dei comportamenti di una nuova classe dirigente "a tempo" che superi la professionalizzazione della partecipazione politica. **Il nuovo partito dovrà sfondare, definitivamente, quel muro di piombo che ha ostacolato ogni comunicazione e rapporto con la società, con i cittadini ed i loro problemi, che ha, di fatto, "isolato" la classe dirigente, condannandola alla sconfitta!**

Il partito delle conoscenze si caratterizzerà per la capacità e la forza propositiva delle idee nella soluzione dei problemi di ogni genere. Mai più un partito di "élite" che sceglie le soluzioni più comode, nel loro stesso interesse, e le impone a tutti, provando a spiegarne la necessità e l'utilità. Mai più "vestiti preconfezionati" su suggerimento e su indicazioni di forze o poteri "estranei o esterni" alla comunità, ma scelte e decisioni ragionate e condivise che abbiano come obiettivo il rispetto della dignità delle persone e la realizzazione del bene comune!

Infine, **il partito del dialogo, della discussione e del confronto** che sia, insieme, momento decisivo per le scelte da adottare ed **occasione di formazione e crescita delle classi dirigenti**, soprattutto di quelle più giovani che hanno energie, fantasia e quella voglia di futuro che manca a quei politici che si sono distinti per l'inadeguatezza a capire e ad interpretare il nuovo.

Senza voler apparire necessariamente "cattivo" nei confronti della vecchia classe dirigente, mi chiedo: ma certi uomini politici del PD che hanno seguito per intero il "cursus honorum", tanto da essere presenti da oltre dieci, venti o addirittura trenta anni nella dirigenza del partito, **quali "novità intelligenti ed indispensabili" potrebbero, ancora, garantire alla vita della comunità che da quel partito sarà governata che, in tutto questo tempo, essi non sono stati in grado di mettere a disposizione di tutti?** Non è forse più probabile che ognuno di essi finisca per pensare, solo, ai propri interessi personali anziché a quelli degli altri? E, infine, quali difficoltà potrebbero insorgere se un partito, organizzato democraticamente per consentire a tutti la massima partecipazione, possa ancora servirsi delle idee e delle soluzioni proposte da persone che abbiano maturato una certa esperienza, facendo in maniera che siano, però, i più giovani a realizzare quei progetti e quelle idee, se condivise da tutti?

Il nuovo partito, perciò, sarà arricchito anche e soprattutto dallo spirito di servizio di quei dirigenti politici che rinunzieranno ad una visione della partecipazione politica intesa come "carriera" personale e diventeranno, insieme, testimoni e maestri della "buona" politica e, se del caso, custodi e guardiani dei valori fondanti del partito nei confronti di possibili abusi e tradimenti. Solo così potrà attivarsi quel circuito virtuoso tra le buone idee, la buona prassi e la continuità e la coerenza con i princìpi che sono a fondamento di una scelta politica.

Se questi possono essere gli obiettivi del nuovo partito, bisogna interrogarsi sugli strumenti organizzativi che quel partito dovrà adottare per realizzarli nel rispetto delle regole democratiche e della libertà degli aderenti.

Ho già accennato all'importanza dei nuovi media nella struttura organizzativa del partito: eppure, **il partito che verrà non dovrà trascurare la bellezza dell'incontro personale, la ricchezza della conoscenza diretta, la forza dell'amicizia tra le persone che nasce e si consolida con la frequentazione e con il dialogo costruttivo e costante.**

Ed allora, ben vengano momenti di adesione-partecipazione che sappiano utilizzare i nuovi strumenti di comunicazione: gruppi di discussione e/o incontri tematici in rete, così come una costante formazione e/o informazione dei simpatizzanti e degli aderenti al partito sempre con gli stessi strumenti, ed infine, l'organizzazione di un efficace strumento di partecipazione alle scelte o alle designazioni che utilizzi le nuove tecnologie, con un sistema di controlli che garantiscano il massimo di democrazia, correttezza e legalità, contro ogni possibile abuso.

L'auspicio, tuttavia, è che ogni altro strumento di partecipazione-formazione non escluda il confronto diretto: la discussione aperta e libera nei luoghi e nelle forme che dovranno presiedere alla vita del partito.

Infine, potrebbe essere utile che sia lo Stato a farsi carico di una normativa che riesca a regolamentare questa nuova forma di partecipazione politica, possibilmente estesa a tutte le forze e movimenti politici presenti nelle nostre comunità. Se ciò non fosse possibile, resta indispensabile che il nuovo partito riesca a dotarsi di regole certe, proprio sulle nuove modalità di concorso alla determinazione della volontà collettiva. Soprattutto, sia fissata una normativa inderogabile sulla "temporaneità" dell'impegno politico: perché se tutti garantiranno il proprio impegno a servizio della comunità (anche senza assumere ruoli di prestigio) i risultati non potranno mancare.

Conclusioni

Tante altre cose ci sarebbero da dire e da scrivere sul "**sogno**" di un partito democratico nuovo e diverso che possa tornare ad essere interprete coraggioso della vita politica del Paese e guida sicura del futuro delle nostre comunità.

Di una cosa sono assolutamente certo: che l'accidia irresponsabile può fare danni maggiori delle scelte, di condanna e di rifiuto, che hanno indotto tanti amici ad abbandonare quel partito, in parte per stizza, in parte per un'emozione ragionata rispetto alla convinzione dell'inutilità di una politica insopportabile.

Per questo, ho pensato di dover fare questo piccolo "**dono**" agli amici e parenti che hanno messo in dubbio la mia lucidità rispetto alle ultime opzioni di voto. Al momento, resto, ancora, convinto che le mie siano state **scelte "di libertà e di liberazione" insieme**: libertà, perché sono sicuro di essere riuscito a non farmi prendere in giro, ancora una volta, da una classe dirigente inaffidabile; liberazione, perché probabilmente ho dato il mio modesto contributo per liberare il Paese da certe presenze politiche dannose rispetto al bene di tutti.

Qualcuno potrebbe obiettare che sono passato "dalla padella alla brace": che se il risultato è stato quello del governo giallo-verde e della sua difficoltà a fare proposte di governo credibili, avrei concorso al peggioramento della vita delle nostre comunità e soprattutto della parte più debole della società.

Rispetto a ciò, debbo, in tutta onestà, ammettere che **la mancanza di preparazione della classe dirigente, giallo-**

verde, (che si è trovata, per caso, a guidare il Paese) **ha mostrato lacune, incertezze ed incapacità tali da non lasciar prevedere molto di buono.** Ciò, malgrado i propositi dichiarati da costoro e pur se potrebbe essere presto per esprimere un giudizio definitivo sui risultati finali.

Sono, tuttavia, convinto che la mia quota-parte di responsabilità sia di gran lunga inferiore a quella dei personaggi politici che (nel PD e fuori da esso) contribuito, in questi ultimi decenni, al successo del Movimento 5Stelle e della Lega!

Purtroppo, quasi nessuno dei coautori della più grave delle disfatte politiche della storia italiana è disposto non solo a fare un passo indietro ma nemmeno ad avviare una seria riflessione sul risultato negativo e sulle scelte successive che **li hanno condannati, nell'immediato, all'irrilevanza.**

Ora, pur restando cauto sui giudizi rispetto ai risultati finali che il nuovo governo otterrà, **resto sinceramente preoccupato dell'evoluzione futura della scena politica italiana, che potrebbe registrare il successo di una destra pericolosamente fascista e razzista.**

Per questo, mi permetto di regalare questa modesta riflessione a quei simpatizzanti ed elettori del PD che hanno scelto l'astensione o altre bandiere. Sicché, se dovesse servire ad avviare un dibattito serio anche nel più piccolo dei circoli del partito che porti alla concreta assunzione di responsabilità di quelli i cui comportamenti hanno originato la disfatta, potrei già essere contento. Se, poi, certe valutazioni e certi giudizi dovessero incoraggiare tanti altri ad una più intensa partecipazione orientata a scelte di cambiamento e di rinnovamento, potrei persino "ripensare" il giudizio negativo che ancora mi accompagna.

In ultimo, se uno dei tanti amici con i quali ho provato a dialogare senza successo, perché si sono, anch'essi, chiusi a riccio a difesa del partito contro i nuovi "barbari" della politica italiana (quelli che, secondo l'opinione dei "tifosi" del PD, porteranno il Paese allo sfascio) riuscisse, leggendo queste brevi note, a ragionare con un minimo di obiettività rispetto agli errori commessi dai politici che essi ancora difendono, anche in questo caso potrei ritenermi soddisfatto per non aver sprecato il mio tempo.

In questi ultimi anni ho avuto la gioia di diventare nonno e mi è capitato di leggere, spesso, ai cinque nipotini, la favola dei "tre porcellini". Nella favola, l'atteggiamento dei porcellini è di duplice natura: due di loro, pur temendo l'arrivo del lupo continuano a giocare ed a divertirsi, allegri e spensierati, limitandosi a costruire due fragili casette. Solo il terzo si impegna, sudando e sacrificando tutto il suo tempo e le sue energie, per realizzare una casa solida e resistente al probabile assalto del lupo. Sicché sarà lui quello che salverà i due fratellini al momento giusto.

Il "lupo", nella vita sociale e politica italiana, è arrivato da tempo, ha occupato le istituzioni e minaccia una "razzia" dei valori di democrazia e libertà, per tutti, soprattutto per i nostri figli e nipoti. Perciò, non dovremmo permettere che pochi incoscienti continuino a ballare ed a divertirsi senza fare niente per salvare la casa di tutti! Se la morale della favola riuscivano a capirla, quando erano piccoli, i miei nipoti, spero che possano apprezzarla, oggi, tanti cosiddetti dirigenti politici che ancora si comportano come se niente fosse accaduto.

Quello che più mi stupisce è la difficoltà, da parte di alcune persone intelligenti che ancora militano nel PD, a comprendere che una situazione straordinaria ed eccezionale (come quella che vive attualmente il partito), **meriterebbe una risposta altrettanto nuova e fantasiosa, non inquadrabile secondo i vecchi schemi** (i soliti tre o quattro candidati, in rappresentanza delle anime, o correnti, diverse del partito, tra cui scegliere il nuovo segretario con primarie "farlocche" che si concludano con un apparente concordia).

Quello che serve, a mio modesto avviso, è **un'intesa "unanime, vera e sincera", che registri, da un lato, il passo indietro "effettivo" di tutti i corresponsabili del disastro e, dall'altro, un rilancio "unitario" del Partito con uomini, idee e progetti rivoluzionari, entusiasmanti e credibili per la pubblica opinione.**

Perciò, se alcuni elettori e simpatizzanti del Partito Democratico si lasciassero guidare dalle mie preoccupazioni per dedicare un po' del loro tempo, insieme ad altre persone di buona volontà (meglio giovani), per rivoluzionare il partito e per "cambiarne radicalmente la testa", raccogliendo, anche in minima parte, le idee ed i suggerimenti contenuti in questa modesta riflessione, **sarei io ad apprezzare un "dono" tanto bello quanto inatteso!**

Che sarebbe immensamente gradito perché riuscirebbe, finalmente, a riconciliarmi con la Politica e con la sua straordinaria bellezza!